Les Histoires du Père Castor

Qu'elles soient nées dans l'esprit fécond d'un auteur ou venues du fond des âges et de pays lointains, les histoires transmettent une culture, une tradition, elles parlent de nous. Comprendre, accepter les autres, mieux se connaître, se laisser porter par la magie des mots et des images : c'est tout cela que les Histoires du Père Castor offrent.

Depuis 1931, le Père Castor propose de merveilleuses histoires illustrées, et crée les classiques de la littérature pour enfants, d'hier et d'aujourd'hui. Nous perpétuons cette tradition avec les talents d'auteurs de mots et d'images pour le plaisir toujours renouvelé du partage de la lecture...

LA LÉGENDE DE SAINT NICOLAS

Pour Julie,
ma Hollandaise préférée,
et sa petite famille.
J. W.

Dépôt légal : mai 2018
ISBN : 978-2-0814-3284-0
Imprimé en République Tchèque par PB Tisk – juin 2022
Éditions Flammarion (L.01EJDN001538.A004) – 87, quai Panhard-et-Levassor, 75647 Paris Cedex 13
Loi n° 49-956 du 16 juillet 1949 sur les publications destinées à la jeunesse

LA LÉGENDE DE SAINT NICOLAS

Texte de Robert Giraud
Illustrations de Julia Wauters

PÈRE CASTOR

Un beau jour de printemps, trois enfants quittèrent leur maison sans rien dire à personne, et partirent jouer dans la forêt voisine.

Quand le soir tomba, les enfants voulurent rentrer,
mais ils furent incapables de retrouver leur chemin.

Après avoir longtemps marché,
ils atteignirent la bordure de la forêt
et aperçurent une maison où brillait de la lumière.

L'aîné des trois enfants frappa à la porte.
Un gros homme au tablier blanc taché de sang
leur ouvrit. C'était un boucher.

– Que voulez-vous, les enfants ? leur demanda le boucher. Que venez-vous faire ici ?
– Nous étions partis nous promener en forêt et nous nous sommes perdus, répondit l'aîné des garçons. Nous sommes fatigués, nous avons faim et soif. Pouvez-vous nous garder chez vous pour cette nuit ? Nos parents vous diront un grand merci.

Pour leur malheur, ce boucher-là
était un homme dur et cruel,
capable des pires méfaits.
Il leur répondit d'un ton doucereux :
– Mais bien sûr, mes petits !
Ne vous inquiétez de rien !
Je vais m'occuper de vous.

L'homme les fit entrer, les installa à la grande table de bois de sa cuisine et leur apporta une marmite de soupe.

– Régalez-vous, les enfants, leur dit-il pour les mettre tout à fait en confiance.

En même temps, il pensait :

« J'avais justement préparé dans le coin de la cuisine un tonneau pour saler des porcelets.
Mais avec ces petits enfants, je ferai des salaisons encore plus savoureuses. »

Le boucher se dirigea vers le tonneau, l'ouvrit,
puis il attrapa les trois garçons, les fourra à l'intérieur
et rabattit vivement le lourd couvercle.
– Eh bien, ricana-t-il, vous vouliez dormir chez moi ?
Voilà qui est fait ! Vous dormirez là
en toute tranquillité votre dernier sommeil.

Le soir venu, les parents, ne trouvant pas leurs enfants, partirent à leur recherche. Ils grimpèrent sur la colline, inspectèrent les alentours, mais en vain.
Ils se dirigèrent alors vers la forêt, la parcoururent en tous sens et arrivèrent devant la maison du boucher.

Celui-ci les reçut aimablement,
mais leur jura qu'il n'avait pas vu d'enfants.
Les parents regagnèrent leur maison, bredouilles.

L'été et l'automne s'écoulèrent.
Pourtant, les parents
ne perdaient pas espoir.
Leurs garçons avaient peut-être
été recueillis par des marchands
passant sur la grand-route,
qui ne savaient pas où les ramener.

Le mois de décembre arriva.
Or, le 6 décembre, c'est la fête
du saint évêque Nicolas.
Dans de nombreux pays, les enfants
lui écrivent pour lui demander des cadeaux.
Puis, la veille de la fête,
ils nettoient soigneusement
leurs chaussures et les mettent devant
la cheminée pour que saint Nicolas
vienne y déposer jouets et friandises.
Cette année-là, le grand saint fut bien étonné
de ne pas recevoir de lettres des trois enfants.

Pressentant un malheur,
saint Nicolas décida de descendre sur terre.

Sa mitre sur la tête et sa crosse en main,
le bon évêque enfourcha son âne et se rendit
chez les parents, qui pleuraient toujours leurs enfants.

Alors l’âne, avec le saint sur son dos,
prit de lui-même la direction de la forêt, la traversa
et en ressortit non loin de la maison du boucher.

Dès qu'il aperçut celle-ci, il s'arrêta.
Saint Nicolas descendit de sa monture
et alla frapper à la porte du bout de sa crosse.

– Boucher, boucher, demanda saint Nicolas
à l'homme qui lui ouvrit, voudrais-tu me loger ?
Le méchant boucher reconnut aussitôt le saint
et l'invita à entrer.
Il le fit asseoir à sa grande table et lui proposa :
– Grand saint Nicolas, puis-je vous servir
un morceau de mon rôti ?
– Je ne veux point de ton rôti, répondit saint Nicolas,
il m'a l'air un peu trop cuit.
– Vous prendrez bien une assiettée de mon ragoût ?
– Non, fit le saint, il n'est point à mon goût.
Il tendit alors le doigt
vers l'angle du mur et ajouta :
– Mais je vois là un gros tonneau
qui doit être plein de salaisons.
C'est de cette viande-là
que je veux manger.

En entendant ces paroles, le boucher hurla de peur
et s'enfuit à toutes jambes.
Saint Nicolas lui cria :
– Reviens, boucher ! Quelle que soit ta faute,
tu peux demander le pardon de Dieu.
Mais le boucher s'était déjà évanoui dans la nuit.

Le saint s'approcha alors du tonneau, frappa le sol de sa crosse, posa trois doigts sur le rebord et prononça :

– Vous trois qui êtes en ce tonneau, levez-vous, je vous l'ordonne, et sortez !

Le lourd couvercle se souleva, laissant apparaître trois petites têtes ébouriffées.

– Oh grand saint Nicolas, s'exclama l'aîné, ébahi. C'est vous qui nous avez réveillés ? Je crois que nous avons longtemps dormi.

– Oh oui, approuva le cadet en se frottant les yeux,
j'en suis encore tout engourdi.
– Je faisais un si beau rêve, ajouta le plus jeune, radieux,
je me croyais en paradis.
Saint Nicolas leur sourit avec bonté et leur expliqua :
– Le jour approche où je dois porter mes cadeaux aux enfants
et j'avais peur que vous ne soyez pas prêts.
C'est pourquoi j'ai décidé de venir vous réveiller.

Le saint remonta sur son âne
et ils prirent tous ensemble le chemin du village.
Les parents, en voyant leurs petits sains et saufs,
pleurèrent de joie cette fois et les serrèrent dans leurs bras.
Ils ne savaient comment remercier saint Nicolas.

Celui-ci dit alors aux garçons :
– Vous savez que, la nuit du 6 décembre, j'apporte des cadeaux aux enfants qui ont été sages et obéissants. Vous ne devez plus jamais partir vous promener sans la permission de vos parents.
Et quand vous placerez vos chaussures devant l'âtre, tâchez d'y déposer aussi une carotte pour mon âne. Car c'est bien grâce à lui que j'ai pu venir vous délivrer.

Le saint homme, frappant du plat de la main
la croupe de sa monture, disparut au loin,
tandis que parents et enfants
lui faisaient de grands signes d'adieu.
C'est depuis ce temps-là que, la veille du 6 décembre,
les enfants de la région mettent toujours
dans leurs chaussures une carotte
pour l'âne de saint Nicolas.

Vous avez aimé cette histoire ?
Découvrez également…

Dans la même collection

n° 5 | Michka

n° 15 | Jacques et le haricot magique

n° 19 | La Grande Panthère noire

n° 24 | Le Petit Poucet

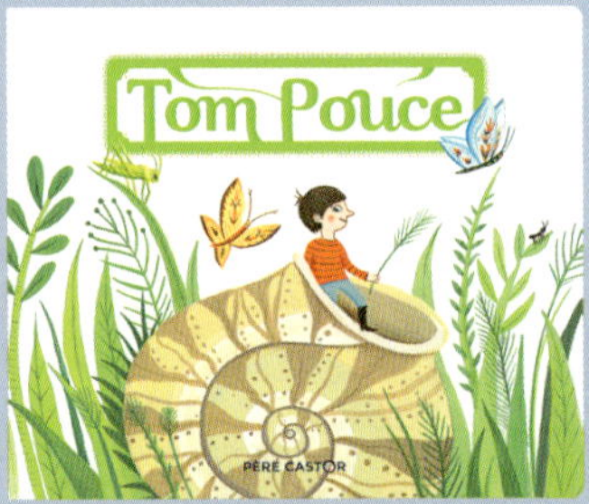

n° 32 | Tom Pouce

n° 34 | La petite fille qui voulait voir le désert

n° 40 | Le Chat Botté

n° 48 | Un bon tour de Renart

n° 51 | Hansel et Gretel

Dans la même collection

n° 54 | La Chèvre de Monsieur Seguin

n° 58 | L'Ours et les trolls de la montagne

n° 65 | Épaminondas

n° 81 | Le Démon de la vague

n° 84 | Poucette

n° 94 | Raiponce

n° 104 | Le Joueur de flûte de Hamelin

n° 106 | Un gâteau 100 fois bon

n° 109 | Pinocchio